AF243184

# LA CHANSON DES SABOTIERS POVR CELEBRER LA SEMAINE SAINTE A NIEVW-KERKE, EN FLAN-DRE.

*POÈMES*
par HECTOR FLEISCHMANN.

SOCIÉTÉ
D'ÉDITIONS MODERNES
265, Rue Solférino. — LILLE. — MCMI.

à Léon Bocquet
au bon poète
de « Flandre »
avec toute ma sympathie
soit offerte cette naïve complainte de Flandre,
cette chanson la plus douloureuse étape peut-être
de mon âpre et dur pélerinage vers la Simplicité

... *Pour dire cette complainte mon âme naïve s'exila loin des jours de ses plaintes où elle rêvait de tout cela, dans la ville magnifique, dans la ville de trois arpents qui fut la symbolique pour les sabotiers sculptant.*

*Dans une maison de campagne, loin des villes aux consulats, où on ne croit plus à Christ sur la montagne, mais où l'âme des sabotiers chanta dans un soir tel que voilà.*

*Avril 1901.*

# LA
# CHANSON DES SABOTIERS
## POVR
## CÉLÉBRER la SEMAINE SAINTE
## A NIEVWKERKE, EN FLANDRE

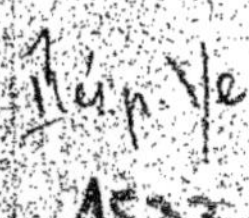

# LA CHANSON DES SABOTIERS POVR CÉLÉBRER LA SEMAINE SAINTE A NIEVW-KERKE, EN FLANDRE.

*POÈMES*
par HECTOR FLEISCHMANN.

SOCIÉTÉ
D'ÉDITIONS MODERNES
265, *Rue Solférino.* — LILLE. — MCMI.

A Max ELSKAMP

*Ceci de salutation:*

Voici selon mon cœur et selon ma foi, la chanson naïve et simple, de mes sabotiers dans mes Flandres natales, selon ma foi pour dire Jésus sous la croix et comme mon cœur pour ses larmes et sa douleur, pour dire sa crucifixion à la bonne et sainte semaine de la Passion.

Dans de verts hameaux et de simples villages, ainsi chantant, sabots sculptant, sous de vieilles images, disent les bonnes gens de ma campagne, à leurs rosaires de bois pour pleurer Christ mort sur la croix.

Loin des cabarets où boivent le soir, des juifs mauvais, s'en restent à leurs maisons les sabotiers à dire des oraisons, pour Pâques après la semaine de la Passion.


Dans mes Flandres, à Nieuwkerke, chansons et oraisons, selon mon cœur pour ma douleur et ma foi pour un peu de joie,

# I. - PREMIÈRE CHANSON POVR DIRE CHRIST AVX OLIVIERS.

Et, vers l'ange, porteur de calice
où boire la peine de sa crucifixion :
« Mon Père, pour la gloire de Votre nom
» je boirai le très amer calice,
» mon Père, avec la joie de mon supplice. »


Christ en agonie aux Oliviers
et les mauvais prêtres dans la Ville,
et Judas à l'âme très vile,
Christ en agonie aux Oliviers,
pour ses bourreaux, là, à prier.


*Ainsi chantent les sabotiers*
*pour dire Christ aux Oliviers.*

# II. - DEVXIÈME CHANSON POVR DIRE CHRIST SÓVS SA CROIX, PAR LA VILLE,

Et Christ sous sa très dure croix
pliait courbé sous le bois.


Et la robe bleue déchirée
sur ses épaules décharnées.


L'âme en peine et très lasse
et du sang sur sa face,


à monter le dur chemin
pour les péchés des pèlerins.

Christ meurtri sous le bois,
Christ porteur de sa croix,

parmi les pleurs des filles
dans la très mauvaise Ville,

Avec Marie-Madeleine
sous sa pauvre robe de laine

s'en va le Très-Pacifique
devant Sainte-Véronique,

et de très vieilles femmes,
et des gueux et des courtisanes,

s'en va au Calvaire, Jésus,
avec les Juifs qui sont venus,

pour sa robe partager
en la jouant aux dés,

Ainsi sous son lourd fardeau
s'en va le Blanc Agneau.

*Ainsi disent, en sabots de bois*
*les sabotiers pour Christ sous sa croix.*

III. - OR, VOICI LA DER-
NIERE CHANSON POVR
DIRE COMMENT MOV-
RVT VENDREDI-SAINT,
CHRIST SVR LA MON-
TAGNE.

A Vous dire, Seigneur, crucifié
par les mauvais hommes,
sur la montagne sanctifiée,
sabotiers, que nous sommes,


notre voix très inhabile
méritera Votre pardon,
dans nos campagnes tranquilles
au jeudi de Votre passion,

A dire Votre agonie
au Golgotha très haut
en très humbles litanies,
en taillant nos sabots

Vous dire Christ des images
et dans notre cœur aussi,
que dans nos vieux villages
il est de pieux récits,

à pleurer les vieilles femmes
à leurs rosaires de bois,
Christ mort pour notre âme,
Christ mort sur la croix.

*Et là s'arrête la chanson*
*pour la semaine de la passion,*

*comme la chantent les sabotiers*
*à Nieuwkerke, dans mes Flandres crucifiées.*

... POVR DIRE CETTE
COMPLAINTE :

SE VEND UN FRANC.

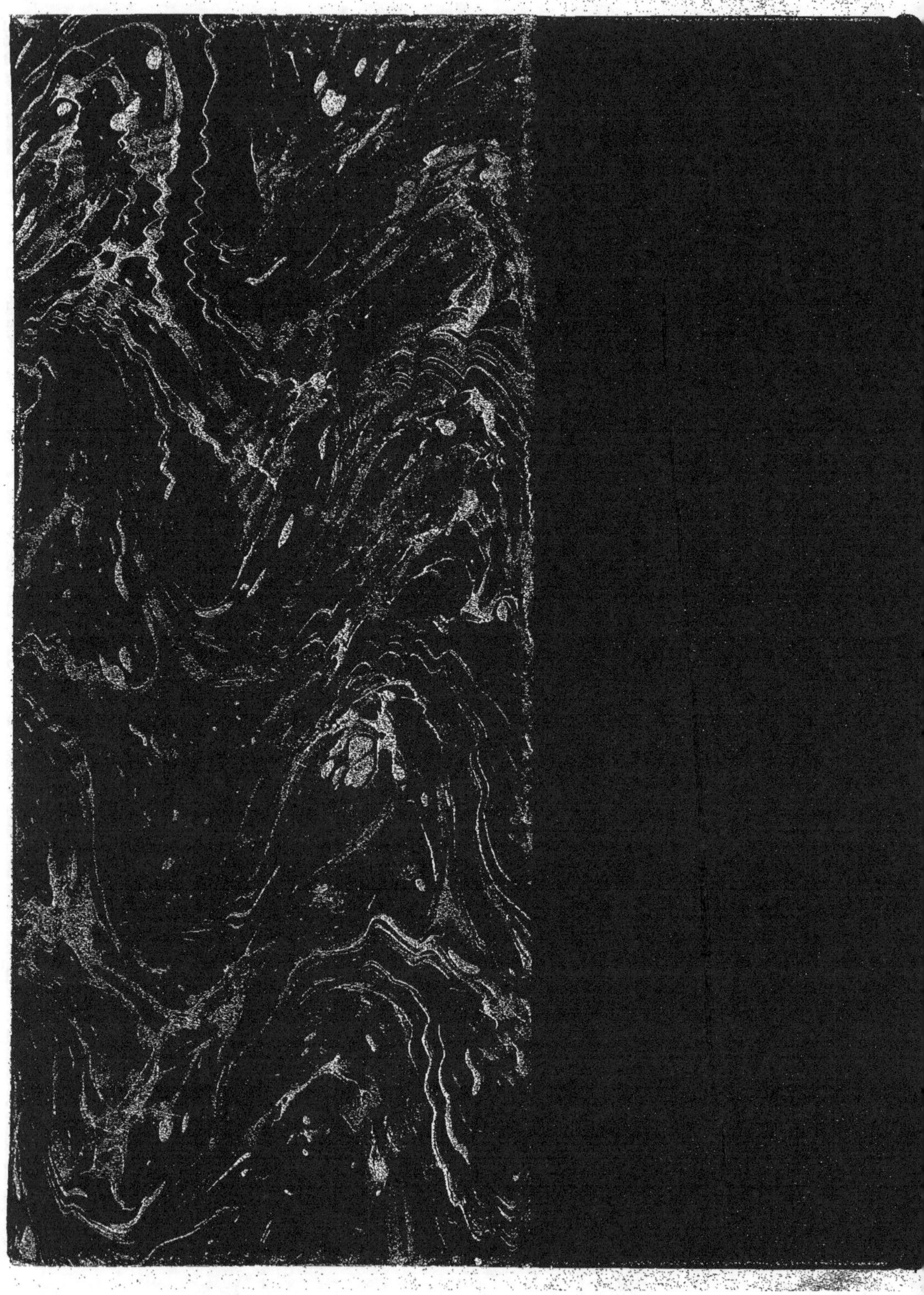

HECTOR FLEISCHMANN — LA CHANSON DES SABOTIERS